JN438265

순간의 여백

시와문화 시집 68

박영자 디카 시집

순간의 여백

• COLLECTION •

시와문화

■시인의 말

2010년에 시집, 2015년에 수필집 두 권의 책을 출간하고 긴 휴식을 취하고 있다가 동료 시인 몇 분과 산과 들과 바다를 여행하면서 스마트폰으로 사진을 찍게 된 것을 계기로 디카시를 쓰게 되었습니다.

사진에 제목을 달아주며 간략하게 짧은 글을 적다 보니 어느덧 시집을 한 권 정도 발간할 수 있는 분량이 되었습니다. 무작정 스마트폰에 담아본 풍경은 사진 초보임에도 불구하고 무척 아름다웠고, 글과 같이 어우러져 나름 작은 보람을 느낄 수 있는 작업이었습니다.

국문학과를 졸업했지만 결혼하여 평범한 주부로 살면서 남편의 의형이신 서은 문병란 교수님을 알게 되었고 그분의 도움을 받아 작고한 남편의 유고시와 나의 졸시를 합본하여 출간한 첫 시집 『아름다운 인연』이 나오게 되었습니다. 시집에 실린 두 분의 우정을 담은 절절한 사연들이 내 삶을 뒤돌아보게 했고 글을 쓰는 기쁨을 다시 알게 해주었습니다. 2015년에 수필집 『순백의 향기』를 출간하면서도 문병란 교수님은 게으름 피우고 있는 나를 채근하여 발문을 써 주시고 책을 완성할 수 있도록 도와 주셨습니다. 발문을 받은 지 두 달 만에 소천하셨지만 수필집 발문에 가당치도 않은 격려와 칭찬으로 꺼져가는 심지에 향유를 부어 주신 서은 문병란 교수님의 "이 책은 누워서 읽다가 벌떡 일어나 이 작가의 첫시집을 구할 수 없느냐는 문의가 일지도 모른다"는 말씀에 지금도 무딘 붓을 놓치 못하고 있는지도 모르겠습니다.

이번 디카 시집에는 지금껏 살아온 내 삶의 추억과 일상의 기록들과 더불어 1980년 5월을 함께 겪었던 우리 세대의 고뇌와 아픔을 많이 생각하면서 써내려 간 글들을 함께 모아 보았습니다.

사진과 시가 숙성되지 않았을지라도 디카시를 쓰도록 마중물이 되어 주신 분들과 저의 세 권의 책을 발간하여 주신 '시와 문화' 출판사의 박몽구 시인께 감사합니다. 또한 사랑하는 가족들이 있어 고맙고, 나의 남은 삶을 인도하고 계시는 분께 두 손 모아 감사 기도 드립니다.

2023년 2월 박영자

|차례|

1부 : 분홍빛 추억

2부 : 꽃은 피고 지고

3부 : 하얀 속도

4부 : 일상의 행복

5부 : 오작교

1부

분홍빛 추억

목화꽃

목화꽃 흐드러진 고향 산밭
뽀얀 솜털구름 그곳에 머물고

베틀 소리에 잠 못 이루는 겨울밤
어머니 얼굴에 하얀 미소가 핀다

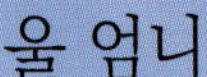

울 엄니

울 엄니 친정집 가시는 길
함박꽃 환하게 웃고 있더니
돌아오는 시댁 길엔
서리꽃이 서리서리 피었네

빨래터

조각배 띄워 세월을 건져 보지만
파문을 일으키고 저 먼저 달아난다
빨래터에서 수다 떠는 여인들
주름진 손으로 찌든 때 타작하니
헛헛한 웃음 우물 속에 빠진다

무쇠 할머니

찬물 뜨건 물 가리지 않고
눈비 속에서도 불을 먹고 사는 할머니
달챙이 놋수저 다 닳도록
누룽지 두텁게 쌓아 올려
일 년이면 십이층 탑돌이도 하겠네

옹달샘

파란 물줄기 한곳에 모여
편백 두레박 퍼올려도 퍼올려도
마르지 않는 맑은 샘물
하얀 낮달 쉬어가는
어머니 품속 같은 안식처여라

분홍빛 추억

봉선화 피는 초여름
꽃과 잎 곱게 찧어 손톱 위에 올려 놓고
피마자 잎 돌돌 말아
무명실 감아 주시던 어머니
열 손가락 분홍빛 추억으로 물들었네

나도 배

가지마다 초록별 걸어놓고
먼 길 떠난 어머니
지천명이 지나도록 오시질 않네

나도 배 타고
엄마 찾으러 가야겠네

어머니의 베북

저 배를 타고 어디로 갈까?

호롱불 그으름 코끝에 번지고
신새벽 졸음 촛농처럼 내리면
어머니 한숨 담은 베북
저 배를 타고 하늘로 갈까

병아리꽃

병아리들이 입을 벌린다
누구 입에 넣어 줄까?
유달리 몸이 약한 우리 아기에게 한 입
어미의 내리사랑
예쁜 내 새끼들 귀엽기도 해라

석류

홍보석 가득 품었어요
속살은 보여줄 수 없어요
혀에 침이 고여도 어쩔 수 없어요
저절로 터질 때까지 조금만 기다려 주세요
이 사랑이 여물도록

눈물꽃

까치집처럼 앙상한 내실
정든 가족 어디로 갔을까?
불꽃놀이 춤추던 자리에
눈물꽃 피고 지는데
빼빼 마른 감나무 주인을 기다린다

갈대

한여름 성긴 하늘에서 놀다 간 북두칠성
서리 내린 흰머리로 찾아왔네

풀벌레 노랫소리 마른 잎에 젖건만
우리 임은 흰머리가 되어도 돌아올 줄 모르네

수선화

심지 깊은 첫 마음아
그대 향해 타오르는 순정아
미풍에 흔들려도 뿌리 깊은
불꽃 그리움아!

은행나무와 등나무

은행나무와 등나무의 동거라니
애당초 우리는 잘못 만난 거지
전통 혼례로 맺은 인연
우리 서로 상처 보듬고
사랑하며 그렇게 사는 거지

접시꽃

빗방울 희롱하며 꽃잎 스칠 때
뜨거운 속마음 드러내는 노란 입술
여름 한철 무심코 사랑하다가
소리 없이 지고 마는 접시꽃 당신

결실

한여름 땀방울 밭이랑 적시고
가슴에 품은 하얀 꽃송이
수줍은 듯 잎사귀 뒤에 숨는다
풀벌레 초성에 고추 익어가고
혀끝 불 지피니 눈물 크렁크렁

2부

꽃은 피고 지고

도둑

이 밤도 담을 넘다가
흩뿌린 짙은 향기 때문에 들키고 말았다
그대의 옷깃을 적실 수 있다면
날마다 담을 넘으리

치자꽃 당신

바람도 고요한 창가 치자꽃 향기
그때 그 연정 머금고 코끝에 머무네
부푼 가슴 열리면 보료인 양 부드러운 숨소리
꿈인 듯 임인 듯 내 가슴 두드리네

첫사랑 1

안개 자욱한 동트는 새벽녘
면사포 쓰고 임을 맞는다

수정처럼 맑은 수줍은 입맞춤
찰나가 영원으로 멈추는 순간
이슬 맺힌 가슴 향기로 젖는다

첫사랑 2

마른 땅에서도 지경을 넓혀가며
곱디고운 눈물꽃 피워내는 연인아!
뙤약볕에 서 있어도
송순 같은 향기 머금은 첫사랑
새벽이슬처럼 옷깃을 적신다

찔레꽃

산울에 꽃향기 흐드러진 오월
물오른 찔구 순 풋풋한 가지마다
초롱초롱한 눈을 하고
박꽃보다 더 순한 사랑
포옹하듯 압화로 눌러 놓았네

바람아 불어라

설빔 차려입고 길 나선 여인아
돌담길 돌아서다 임을 보았나!
바람에 흔들리는 꽃잎처럼
이슬 맺힌 속눈썹 호롱불 켜고
꽃울대 길게 뽑아 임의 뒤를 쫓는다

피아골의 그림자

늦가을 피아골의 강물은 을씨년스럽다
발끝이 머무는 곳마다
세월의 흔적은 여전하고
피아골 물줄기는 퇴색된 낙엽을 쓸어담아
어디로 가고 있는가?

빨치산의 혼백이 된 갈까마귀
진혼곡을 부르는 듯 애잔하다

색의 절개

어느 누구 솜씨인가
절로 피고 절로 지는
이름 없는 꽃이지만
이 한 생을 붉은 빛으로
지켜가는 절개여!

백일홍

백일홍 함초롬이 피어 있는 산소 가는 길
아버지의 미소가 시냇물 따라 흐르고
초록 물결 논배미에 출렁이는 벼 이삭들
땡볕 하늘 아래 두 손 모아 기도한다

태풍아 멈춰다오 석달 열흘만

임실 호국원에서

순국선열들 묘비엔 군번과 계급장
무궁화 꽃잎처럼 초롱초롱 혼불 켰네
그날의 장렬한 전사가 나라를 지켰구나
오! 부활하여 다시 사는 호국의 영령이여!

꽃은 피고 지고

임 떠난 배는 기약이 없고
덧없이 세월만 흘러갔구나
보이지 않아도 곁에 있는 듯
하대명년 기다림도 순간이더라

꽃별

내 정원에 찾아 온 별님들이 있다
고운 옷 치장한 아이 손 붙잡은 엄마처럼
환하게 웃는다
가슴에 숨겨진 까만 젖멍울이
새색씨처럼 붉어진다

노란 꽃등

백합 향 천리에 흩날리는 날
노란 꽃등을 내걸었네
이 밤에도 오시지 않으면
궂은비에 젖어 낙화가 되리라

벚꽃의 하모니

꽃샘 봄바람 불 지피니
톡톡 튀밥 튀는 고소한 향기에
밤새 뒤척이며 잠 못 이루네
아침에 일어나니
팝콘의 환한 하모니

라일락

보랏빛 봄옷 입고
구름다리 건너
임 맞으러 가려느냐
뜬눈으로 담장 가를 서성이는
아리따운 아기씨야!

긴기아난

좁은 분 속에서 핑크빛 향 피워 내려
한겨울 그리 찬바람 맞으며 태동했던가!

꽃 그림자 향낭에 담아 향기 흩뿌릴 때
좁쌀 같은 풀씨 하나 날아와
더부살이하자며 응석 부리네

플록스

꽃분홍 저고리에 진초록 치마 입고
언니 시집갈 때 따라가겠다고
울고 불고 떼를 썼지
엄마는 내 마음도 모르고 웃기만 했지

3부

하얀 속도

만물상

물감을 푼다
파란 화선지에 물감을 뿌린다
사람도 있고 물고기 헤엄치고 토끼도 뛴다
수채화 완성된 자리에
화룡점정이 일품이다

검은 토끼

검은 토끼해라 하는데
하얀 토끼들이 하늘을 난다
모든 것이 변화되어
천지개벽 영광 빛이 찬란한
새해 밝아 온다

솜사탕

호수 위로 내려앉은 솜사탕
혀끝에 사르르 녹아내리고
갈대숲 물 그림자에
왈칵 보고 싶어지는 어머니

소통

거미줄처럼 실핏줄처럼
당신에게 뻗어 있는 레이더망
혈전으로 막힐지라도
검은 가림막을 뚫는
환한 그리움이 타전한다

돛단배

푸른 수평선 물결은 잔잔하고
노 저어 가다 보면 그대 만나겠지
노랫가락 흥얼거리며
순풍에 돛 단 배

밤낚시

살얼음판 깨고 낚싯줄 던지니
미늘에 걸린 대어가 흔들린다
한번 코 꿰이면 빠져 나올 수 없는 운명
번쩍이는 비늘이 핏빛이다

엮거리

떼로 몰려 다니던 친구들
새끼줄에 묶여
고향 하늘 바라본다

비릿한 어선 위 갈매기 선회하고
지느러미 물결치며 꿈길을 간다

원더우먼

해변가에서 원더우먼을 만났다
바람이 불 때마다
별이 흔들리며 노래한다
너 하나면 그만이야

방황하는 배

지는 해 산마루에 걸리고
갈 길 잃은 배 한 척
망망대해에서 헤매다
오! 하늘에 걸린 레이더망 타전하여
임 계신 곳까지 갈 수 있겠구나

솔섬

솔솔 바람 불어 솔섬이 되었을까?
낙조도 불태울 저물녘
어부는 밀물에 그물을 치고
새들은 떼 지어 둥지를 찾는데
솔찬한 둥지가 여기 있구나

기다리는 마음

떠나버린 님은 함흥차사
그래도 내 마음은 일편단심 민들레
저곳으로 날아 가셨을까?
강물을 따라 마음이 흘러간다

안개 낀 범선

멈춰선 범선 한 척
안개 낀 갯벌에 수묵화를 그리고
갈매기 떼 끼룩끼룩 새벽을 깨우면
밀물과 썰물 교차하는 뱃고동
희뿌연한 안개 밀어낸다

하얀 속도

눈보라 휘날리는 산 중턱
지나치는 나무마다 하얗게 시리다
내 길은 어디에서 저리 휘날렸을까
길에 선 나무들이
내 그림자를 흐리운다

눈꽃 핀 무등산

무등산 능선 따라
송이송이 하얀 꽃
하늘에서 내려온 눈부신 선율
겨울에만 피는 순백의 향기

세월의 바다

영글기도 전에 도둑맞은 노적가리
억장이 무너지는 칼날 위에
소금물로 절여진 가슴이 짜디짜다
세월 지나도 만장에 덮인 한 생
경계의 벽 뒤에서 검은 눈물 쏟는다

동상이몽

호수에 하늘 가둬 두고
몸 푸는 오리 생각을 흔든다
동병상련일까?
동상이몽일까?

내 마음은 호수

밤새 별무리 불러 두레질하더니
아침 윤슬 잔 물결에도 흔들린다
내 마음에 여명이 비추면
그대 오신 듯
피라미 떼 뛰어 오른다

내 고향 남해포

바다만 봐도 눈물이 나는 곳이 있다
고깃배 통통거리며 섬을 가로지르던
그때 그 바다
이제는
저녁 노을 빛만 가뭇하다

세량지

운무 걷힌 산자락에 새 지저귀고
빗살무늬 파고드는 세량지 호숫가에
제 그림자에 취해 버린 진달래 혼불
푸른 밀어들이 수런수런 깨어난다

4부

일상의 행복

먼나무

저것이 먼 나무지?
저것이 먼나무지
우리 이름 신기하지
그래도 좋아
어깨동무하며 함께 살아갈 수 있으니

내 강아지

비좁은 터를 잡아 뿌리를 내렸구나
척박한 도시의 삶이 팍팍해도
사랑의 띠 삼겹 줄로 두르고
흔들릴지라도 꺾이지 않는
사랑스런 우리 강아지들

부들꽃

아이들이 좋아하는 아이스케이크
한 입 물고 동네 한 바퀴
솜털 홀씨 바람에 날리고
빈 막대기만 남았네

장닭의 벼슬

붉은 벼슬을 달고
위풍당당하다
가슬을 거느리고 목울대를 높인다
홰를 치며 천하를 호령하는
저 위엄

저, 청솔나무

꽃구름 사이로 은하수 흐른다
목마른 잔뿌리 단비에 젖어
선 채로 팔 뻗은 저 청솔나무
임 그리듯 사시사철
하늘만 쳐다본다

은하수 무덤

퇴색된 골짜기에 별들이 뜨면
강풍에 흔들린 가지
외마디 한숨을 지른다
그 밑자리
은하수에서 떨어진 별들이 모여 있다

움켜쥔 손

엄동설한 찬바람에
엄마 손 움켜쥔 아기단풍
먼 길 떠나기 싫어
숨소리마저 잠재운다

생각

저 많은 생각들 좀 봐
앞다투어 고개 내미는 흙의 생각들
각양각색 모양들 모여
연주하는 아름다운 하모니

꽃기린

가시면류관에 방울방울 피가 맺힌다
모가지가 길어서 슬픈 꽃기린
사랑하는 당신 곁에 가고 싶어
날마다 목이 길어지는 기린

피노키오의 하루

당당하게 걸어가자
모래밭에서 뒹굴다가
수영하면 시원하겠지
거짓말처럼
해운대 해수욕장이 코앞이니

카르페디엠

코가 길어진다
파도는 해맑은 웃음
갓 태어난 코끼리도 따라 웃는다
곧 집으로 돌아가야 할 시간
서로를 바라보며 내일을 잊는다

갈매기 비상

해변가 수산시장 관광객 몰려오고
모듬회 한 접시에 막걸리로 목 축인다
갈매기 비린내에 비상하는 날갯짓
망대에 둘러앉아 굽어보는 저 눈빛

모래밭의 유모차

다 무너지는 헛된 꿈일지라도
다시 밀물이 들면 힘껏 밀어볼 수밖에
갈매기도 바람을 밀고 오는 해변에서
유모차를 밀듯 다시 남은 생을 밀어볼 수밖에

금나무

목걸이 귀걸이 팔찌 모두 금이다
이 금을 가지고 불사조처럼
날아가고 싶다만
발이 박혀 있구나
금빛 이슬이 맺힌다

해운대 일출

해가 솟는다
하늘과 바다를 가르며
해산하는 여인처럼 괴로움 떨치고
붉게 태우는 결기를 본다
너를 딛고 하루가 열리고
장엄한 찰나에서 길을 찾는 날갯짓
오! 찬란한 빛이여 우리의 희망이여!

형제애

땡볕 가뭄에 물꼬 터놓고
서로에게 흘려 보낸 형제애
비록 분가했어도
우리는 한 핏줄 한 몸이라오
함께 숨쉬는 공동체라오

첫눈 오는 날

첫눈 오는 날
내가 힘들 때 네가 생각나는 집
눈발 자국 찍으며 찾아갔었지
앙상한 가지에 까치밥 대롱대롱
사운사운 햇살만 눈 위에 반짝인다

두 마음

맹물 담아 냉장고 넣었더니
유리꽃 피어 고드름으로 환생했네
수정처럼 맑은 본성 숨기고
예리한 송곳 가슴속에 품고 있다니
물에도 손이 베인다는 말이 맞네

무도회

풀여치 화음에 박수 치는 관객들
앵콜 기립 박수에
놀란 왜가리
무대 뒤로 숨고
강물은 현악사중주로 흐른다

5부

오작교

메시지

병원을 나오며 보았네
땡볕에 사다리도 없이 줄 타는 저것 좀 봐
이대로 가다가는 하늘까지도 닿겠네

희망의 끈 놓지 말라는 생명의 메시지인가?

연리지

머리에 화관 쓰고 마주 보고 자란다
너무 가까이 붙지는 말자고 바람길을 내놓았다
멀어도 너무 멀지는 않게
가까워도 너무 가깝지는 않게

수양버들

한여름 쓰르라미 쓰리다고 애처럽게 울고
치렁치렁 수양버들 칭얼대며 운다
한때는 치렁이는 머리카락 잘라
쏠쏠하게 외화벌이도 했다지만
지금은 버들피리 불어줄 임도 없어
지나가는 바람에 옛 추억을 싣는다

회화나무

금남로 5·18광장 푸르름 머금은 어미 나무
독한 최루탄 연기에 시름시름 앓다가
광풍에 쓰러져 고사한 자리에
어미 보듬은 아기 나무
오월의 깊은 한이
멍울멍울 핏빛 잎사귀에 젖는다

허무

철없던 한 시절 진토에 꽃피우고
도르르 말리는 물방울
마른 잎 적실 때
희미한 눈물샘에 안개 끼고
텅빈 혈자리에 허무를 채운다

젖줄

다산한 새끼들 가슴에 품고
사랑으로 길러낸 어미의 마음
마른 논에 물 들어가는 것
자식 입에 밥 들어가는 것
이것이 어미의 기쁨이라오

우주 공동체

뿌리를 감춘 거대한 음모
한 몸통 안에 우주가 있다
복잡한 언어들이 혼란스럽게 뒤섞인 세상
바벨탑을 쌓으려나
사람 위에 사람이 사람을 밟고

코끼리 무도회

여름 날씨 섭씨 37도
화려한 설치 무대에
땀방울 주르륵 예행 연습 중

긴 코 뻗어 샤워하고
목청 뽑아 관객을 부른다

왜가리의 독백

장애물에 갇혀 오도 가도 못 하고
기다리다 지쳐 등 돌리는 노여움
끼룩끼룩 울어대도 대답이 없네

내가 왜 가리 네가 와야지!

상림루 칠월칠석

어둠을 뚫고 들려오는 연주 소리에
오색 구름 핀 은하수가 흐른다
오작교에서 숨바꼭질하는 초승달
고운 이 다시 오신 듯 정답기도 하여라

속삭임

어디서 찾아온 손님인가요?
으아리꽃 향기에 취해 버렸네

온밤을 뒤척이며 서성이다가
그대 품에 안겨 잠들고 싶다오
새벽이 오기까지 깨우지 마세요

석류꽃

붉은 입술 노란 이를 기지고 있어요
그리운 임 보고파서
베란다에서 내실로 이사 왔지요
육관화 떨어진 자리에서
석류 한 알 맺고 싶어요

천칭

한쪽으로 기울면
공정과 상식이 무너질까봐
정의와 법으로
반석을 놓았다

횃불

어려운 시기마다
횃불 높이 든 이름 없는 별들
광주학생 여학도의 살아있는 숨결
영광이 찬란한
무등의 딸들이여!

상아탑

인재들 배출한 자랑스러운 비둘기 집
칠층 건물에 바람구멍 송송
그때는 그랬지!

오월이면 장미꽃 무더기로 피고
플라타너스 나무도 몸통 굵어졌네

코스모스

군락으로 핀 꽃들은 다 예쁘다
실낱같은 줄기에 가을이 흔들린다
내 얼굴도 붉어진다 코스모스처럼!

■해설

넉넉한 여백, 풍부한 의미를 지닌 시

■해설

넉넉한 여백, 풍부한 의미를 지닌 시

박 몽 구
(시인·문학평론가)

우리 고전 시 창작의 원리 가운데 선경후정先景後情이라는 말이 있다. 모름지기 좋은 시는 먼저 시원한 여백을 중심으로 명징한 이미지를 제시한 다음, 읽는 이들의 마음속에 간절한 의미를 새기는 방식으로 씌어지기 마련이라는 말이다. 이처럼 의미를 전달하는 일에 급급하지 않으면서 한껏 여백미를 구현한 시작의 전통은 고려의 시인 정지상鄭知常의 명시 「송인送人」에서부터 황진이, 이옥봉에 이르도록 뿌리 깊게 이어져 왔다. 이들의 작품이 멀리는 천년 너머 전에 창작되었음에도 불구하고 오늘에도 여전히 파릇한 생명력을 지니고 있는 것은 한껏 여백미를 발현한 것이 큰 힘이 되고 있다.

중요한 것은 이들의 시가 지극히 간결한 형식을 취하고

있음에도 불구하고 담지하고 있는 의미는 새록새록 우러나는 깊이를 지녔다는 점이다. 우리 전통 한시와 시조의 고전들 가운데에는 이 같은 시적 미학을 잘 함축하고 있는 작품들이 적지 않다. 나아가 최근 들어 여러 시인이 즐겨 창작하고 있는 '디카시'의 경우에도 이 같은 시적 미학의 구현은 중요한 미덕으로 부각되고 있다. 시조 장르와는 형태상으로는 다르지만, 형식은 간결하되 함축하고 있는 의미는 깊고 풍부해야 한다는 시정신을 제대로 구현할 때 공감대가 넓은 작품이 될 수 있기 때문이다.

간결한 형식 활짝 열린 여백미

박영자 시인이 오랜만에 펴내는 디카 시집 『순간의 여백』 속의 시들을 읽어 가면서도 위와 같은 선경후정의 시정신을 절절하게 실감할 수 있었다. 솜씨 좋은 전정사의 손을 거친 듯 일체의 췌사贅辭를 걸러낸 시 형식에 따르는 여백미와 함께, 읽을수록 석류와 같은 맛이 새록새록 배어 나오는 것을 절감할 수 있었다. 게다가 절경을 만날 때마다 카메라 앵글에 담아낸 풍경도, 간결한 시행과 반려를 이루어 시적 의미를 깊고 풍부하게 직조하는 걸 볼 수 있었다.

울 엄니 친정집 가시는 길
함박꽃 환하게 웃고 있더니
돌아오는 시댁 길엔

서리꽃이 서리서리 피었네

-「울 엄니」 전문

단 4행의 단출한 형식으로 이루어진 디카시이다. 고향 마을로 어머니를 찾아가는 마음을 환하게 웃는 '함박꽃'으로 표상해 놓고 있다. 울울한 탱자나무 가시며 가파르게 올라간 담장을 타고 올라와 맑고 밝은 미소를 건네던 함박꽃은 시집살이의 어려움이라곤 내색하지 않으면서 딸자식을 푸근하게 감싸주던 모성애를 환기한다. 프랑스의 문예이론가 줄리아 크리스테바는 이처럼 자신의 어려움을 뒤로 미룬 채 슬하의 아이며 약자들을 감싸는 모성의 본질을 가리켜 '코라(chola)'라고 명명한다. 그에 따르면 어머니는 세상의 모든 가여운 것들을 감싸 안는 우주적 품을 가진 이타행의 실천자이다. 감당하기 어려운 일로 난관에 처한 존재들을 보면 자신이 당면한 어려움은 잊은 채 타자들을 서슴없이 돌본다. 세속적인 꿈을 미뤄둔 채 어린아이를 감싸안는 모성애도 마찬가지이다. 화자는 그런 어머니에게 발을 돌려 시댁으로 돌아오는 길에는 차가운 '서리꽃이 서리서리 피었네'라고 묘사하고 있지만, 어머니의 대가를 바라지 않는 이타행을 떠올리며, 어려움을 이기고 밝은 내일로 나아가는 힘을 얻었던 기억이 절실하게 그려져 있다.

파란 물줄기 한곳에 모여
편백 두레박 퍼올려도 퍼올려도

마르지 않은 맑은 샘물
하얀 낮달 쉬어가는
어머니 품속 같은 안식처여라

-「옹달샘」 전문

저 배를 타고 어디로 갈까?

호롱불 그으름 코끝에 번지고
신새벽 졸음 촛농처럼 내리면
어머니 한숨 담은 베북
저 배를 타고 하늘로 갈까

-「어머니의 베북」 전문

인고의 시간을 묵묵히 견디어 내면서 밖으로는 넉넉하고 따스한 품을 내주는 모성은 이번 시집의 주요한 모티브이다. 앞에 든 시에서도 식구들을 건사하기에 여념이 없는 여성의 모습을 '편백 두레박 퍼올려도 퍼올려도/ 마르지 않은 맑은 샘물'로 그려내고 있다. 구차한 하소연들이 배제된 가운데 두레박으로 퍼올리는 샘물이 아무리 퍼올려도 마르지 않는 것처럼 어머니의 사랑도 넉넉하다는 것을 환기한다. 힘들게 퍼올린 두레박에 뜬 하얀 낮달과 어머니의 품에 안겨 내일을 향한 꿈을 가꾸어 가는 자식들의 모습이 간절하게 겹친다.

뒤에 든 작품에서는 버거운 삶으로부터 벗어나기를 꿈

꾸는 여성상을 '배'라는 상징어로 절실하게 환기하고 있다. 식구들이 잠의 사원에 든 한밤중에도 '호롱불 그으름 코끝에 번지고/ 신새벽 졸음 촛농처럼' 내릴 때까지 견디며 베를 짜는 어머니의 모습이 안쓰럽게 비친다. 배를 타고 훌쩍 출분하는 대신, 식구들을 차가운 바람으로부터 막아줄 따스한 베를 짜는 어머니의 모습이 호롱불 너머 선명하게 떠오른다.

시와 사진이 이룬 멋진 아라베스크

디카시 장르를 표방하는 작품집인 만큼 이번 시집에는 문자로 창작된 시와 사진 작품들이 멋진 아라베스크를 이루고 있다. 한편 한편 시와 사진이 어깨를 나란히 하여 협주곡처럼 잘 어울려 있다. 아마도 시인의 마음에 든 꽃과 나무, 그리고 사물들 앞에서 셔터를 눌렀을 것이다. 그러다 보면 자칫 밸런스를 잃은 채 두 장르의 작품들이 따로따로 놀기 쉽지만, 이번 시집에서는 시와 사진이 보기 좋게 한몸을 이루고 있다. 그것은 시가 사진을 장황하게 설명하는 차원을 떠나 간결한 형식을 취하면서도 시인이 가슴 깊이 품어온 말들을 곡진하게 풀어내고 있는 덕분일 것이다.

여성 운동가이자 문예 이론가인 수잔 손택은 우리가 만나는 온갖 사진들은 푼크툼 계열과 스투디움 계열로 나눌 수 있다고 말한다. 푼크툼은 '찌르다'라는 뜻의 라틴어에서 유래된 용어로 별다른 조작 없이 앵글에 잡히는 대로 담아내는 사진 미학을 가리킨다. 반대로 스투디움은 구도를 각별하게 고려하고 어두움과 밝음을 인위적으로 보정해 주는 조명이나 액세서리 등을 꼼꼼하게 준비한 다음에 비로소 셔터를 누르는 사진 기법을 가리킨다.

수잔 손택은 베트남 전쟁을 둘러싼 미국의 침략성을 은폐하기 위하여 구구한 궤변을 늘어놓는 사람들을 향해 "나는 해석에 반대한다"는 테제를 제시한 것으로 널리 알려진 사람이다. 그녀는 사진에서도 조작이나 자질구레한 보정을 거치지 말고 찍는 이의 심안에 비치는 대로 셔터를 누르는 푼크툼의 정신이 우선해야 한다고 권고한다. 우리 사진가 중에도 부산 국제시장 사람들의 생생한 모습을 담아낸 사진가로 유명한 최민식 선생은 셔터를 누르면 그만이라고 말한다. 촬영 후 포토샵 등을 통해 억지로 보정을 거치는 순간 사진은 사라진다고 일갈하기도 했다. 박영자 시인의 이번 시집에 실린 사진들을 보며 느끼는 것은 특별한 조작 없이 시인의 심안에 비친 풍경 앞에서 그대로 셔터를 누르는 푼크툼의 정신이 고스란히 살아 있다는 점이다. 조작되지 않는 풍경이 시와 한몸을 이루어 독자에게 생생하게 다가오고 있어 한층 지은이의 미적 감각을 실감하게 해준다.

마른 땅에서도 지경을 넓혀가며
곱디고운 눈물꽃 피워내는 연인아!
뙤약볕에 서있어도
송순 같은 향기 머금은 첫사랑은

새벽이슬처럼 옷깃을 적신다

-「첫사랑 2」 전문

시인의 애틋한 사랑을 그린 작품이다. 시인의 배우자는 일생 인술을 베풀면서 시를 창작했고, 어려움에 처한 예술가들을 만나면 힘든 시간을 이기고 시와 그림으로 꽃을 피울 수 있도록 아낌없이 호주머니를 털어 도왔다고 한다. 그러다 보니 가정에는 빈손으로 돌아오기 일쑤였다지만, 그 같은 심성을 타박하지 않고 이타행을 망설임 없이 실행하도록 뒷바라지를 아끼지 않는 시인의 마음이 새벽이슬처럼 그득히 담겨 있는 작품이다.

간결한 형식의 작품이기는 하지만 단단한 이미지를 간직한 시어들이 빼곡히 담겨 있다. 이들 시어를 각기 어울리는 의미를 담지한 이항대립 체계로 분석해 보면 더욱 명징하게 다가온다. 즉, '마른 땅', '눈물꽃', '뙤약볕' 등이 견디기 어려운 삶을 표상하고 있다면, '송순', '향기', '새벽이슬' 등의 시어들은 어려움이 이기고 나아갈 때 결실되는 것들을 상징한다. 결국 사랑은 삶의 도정에서 만나는 갖가지 어려움을 묵묵히 이기면서 함께 손잡고 앞으로 나아갈 때 얻어지는 것이라는 사유를 이끌어내고 있다. 백 마디 췌사를 늘어놓기보다 한마디 명징한 의미를 오롯이 간직한 시어를 고르는 눈이 빛난다는 것을 실감나게 해주는 작품이다.

산울에 꽃향기 흐드러진 오월

물오른 찔구 순 풋풋한 가지마다
초롱초롱한 눈을 하고
박꽃보다 더 순한 사랑
포옹하듯 압화로 눌러 놓았네

-「찔레꽃」 전문

머리에 화관 쓰고 마주 보고 자란다
너무 가까이 붙지는 말자고 바람길을 내놓았다
멀어도 너무 멀지는 않게
가까워도 너무 가깝지는 않게

-「연리지」 전문

사물을 빌어 화자의 내심을 곡진하게 담아내고 있는 작품들을 골라 보았다. 찔레꽃은 온몸에 울울하게 가시를 옷처럼 걸치고 있는 식물이다. 그런 점에서 아픔을 감내해 가며 살아가야 하는 사람살이를 상징한다. 그렇게 다가가기 어렵게 가시밭길 걸으며 몸피를 키워 담장을 넘어가는 찔레지만, 물오르는 오월이면 '찔구 순 풋풋한 가지마다/ 초롱초롱한 눈'을 틔우고 마침내 우울한 가시들을 헤치고 지순한 꽃몇 송이를 건넨다. 화자는 가시를 헤치고 개화한 모습을 '순한 사랑/ 포옹하듯 압화로 눌러 놓았네'라고 그려 놓고 있다. 사물에서 사람살이의 법칙을 곡진하게 견인해 내는 시인의 안목이 빛난다.

뒤에 든 작품에서도 '연리지'를 빌어 사람살이의 비밀을

한 가닥 슬그머니 풀어 보이고 있다. 첫 대목에서 '머리에 화관 쓰고 마주 보고 자란다'고 묘사하고 있는 것은 부부의 연을 맺는 모습을 연상시킨다. 이어서 '너무 가까이 붙지는 말자고 바람길을 내놓았다'고 진술하고 있는 대목은 함께 살면서도 상대에게 지나치게 의지하지 않으면서, 각자 주어진 소명을 충실하게 실천해 가야 한다는 점을 환기한다. 결구 부분에서 '멀어도 너무 멀지는 않게/ 가까워도 너무 가깝지는 않게'라는 명제를 제시하고 있는 대목은, 부부의 미덕을 넘어 무릇 세상 사는 철리로 확장되고 있다. 사랑하는 사이일지라도, 각자 주어진 길을 가면서 욕심을 버린 채 어려움에 처한 이들을 보면 서슴없이 내놓는 정신을 견지해가야 한다는 것을 넌지시 일러주고 있다.

사물에 숨은 역사의 비밀을 읽다

이번 시집에서 수록된 시들 가운데에는 시인이 국토의 곳곳으로 발걸음을 옮기면서도, 개인적 소회를 넘어 우리 삶 저변에 숨어 있는 비의를 묵상하고 밝은 내일이 열리기를 바라는 마음을 담은 시편들도 다수 눈에 띈다. 시인은 그 같은 마음가짐을 섣불리 내비치지 않는다. 먼저 발길이 머문 장소를 렌즈에 명징하게 담아낸 다음, 그 저변에 숨은 의미를 견인해 내는 방식을 취하고 있다.

늦가을 피아골의 강물은 을씨년스럽다

발끝이 머무는 곳마다
세월의 흔적은 여전하고
피아골 물줄기는 퇴색된 낙엽을 쓸어담아
어디로 가고 있는가?

빨치산의 혼백이 된 갈까마귀
진혼곡을 부르는 듯 애잔하다

-「피아골의 그림자」 전문

위의 시에 등장하는 피아골은 6·25 한국전쟁기 동족상잔의 아픔이 깊게 배어 있는 장소이다. 바른 역사를 열어가야 한다는 일념으로 총을 쥐었던 사람들의 진의는 왜곡된 채, 이념의 굴레를 뒤집어쓴 채 수많은 사람들이 억울하게 희생된 지리산의 깊은 골짜기이다. 화자는 앵글에 담긴 쓸쓸한 가을 풍경을 보면서, 단순한 풍경을 넘어 '세월의 (아픈) 흔적'을 읽는다. 또한 '퇴색한 낙엽'이라는 이미지를 통해 오랜 시간이 흘렀음에도 젊은 혼들이 목숨을 바쳐 지키고자 한 뜻들이 잊혀져 묵살되고 있음을 안타까워한다. 화자는 결구에 '빨치산의 혼백이 된 갈까마귀/ 진혼곡을 부르는 듯 애잔하다'는 구절을 배치함으로써, 진혼곡을 넘어 억울하게 청춘을 바친 이들의 뜻이 신원되어야 한다는 뜻을 아이러니로 구사하고 있다.

금남로 5·18광장 푸르름 머금은 어미 나무
독한 최루탄 연기에 시름시름 앓다가

광풍에 쓰러져 고사한 자리에
어미 보듬은 아기 나무
오월의 깊은 한이
멍울멍울 핏빛 잎사귀에 젖는다

-「회화나무」 전문

한국 최근세사의 아픔이 오롯이 새겨진 금남로 5·18광장을 그린 앞의 작품에도 그 같은 화자의 간절한 마음이 생생하게 담겨 있다. 오백 년 천수를 누리며 금남로를 지키던 회화나무가 '독한 최루탄 연기에 시름시름 앓다가' 고사한 것은 바른 역사를 열고자 한 민초들의 열망이 묵살된 것을 상징하는 알레고리이다. 시인은 그것을 보며 안타까운 마음을 금할 수 없지만, 그 자리에 늙은 회화나무의 혼을 계승하듯 심은 아기 나무가 잎사귀를 피운 것을 본다. 파릇하게 피어나는 어린 회화나무를 보며 '오월의 한이/ 멍울멍울 핏빛 잎사귀에 젖는다'고 노래하여 역사의 사필귀정을 믿는 시정신을 오롯이 담아낸 작품이다.

이제까지 박영자 시인의 새 시집 『순간의 여백』에 구현된 시세계를 조명해 보았다. 그는 이번 시집을 통해 극단으로 치닫는 물질 우위의 시대를 넘어 새삼 사람살이가 진정하게 펼쳐질 자리는 어디인지 우리에게 묻고 있다. 시인은 췌사를 길게 늘어놓는 대신 간결한 형식의 시들과 그와 자리를 함께 하는 사진을 통해, 우리가 지향해야 할 것은 물질의

풍요를 넘어선 정신적 가치임을 명징하게 환기하고 있다.

시와 사진이 잘 어울린 박영자 시인의 디카시는 우리 고전 시 창작 기법인 선경후정 정신을 오늘에 어울리도록 능동적으로 변용하고 있다. 이를 통해 단순한 유행을 넘어, 디카시가 날로 독자를 읽어가고 거푸집만 커져 가고 있는 우리시에 새로운 활로를 열어갈 수 있으리라는 가능성을 제시하고 있다. 또한 사물을 겉으로 판단하지 않고 그것이 내장하고 있는 의미에 깊게 파고드는 초월적 인식으로 세계를 재구성해 간다는 점에서도 그의 시작업은 자못 넉넉한 의의를 갖고 있다고 하겠다.

박영자 시인의 이번 디카 시집은, 간결한 형식을 넘어 시어가 가진 함축성, 상징성을 십분 끌어낸다면 얼마든지 풍부하고 깊은 의미를 구현해낼 수 있음을 보여주고 있다. 그를 위해서는 시어 하나하나를 신중하게 사용해야 할 뿐더러, 집착을 넘어선 초월적 인식이 중요하다는 점을 새삼 명징하게 환기한다. 박영자 시인의 이 같은 시적 시도가 이번 시집으로 든든하게 결실을 맺어가고 있는 모습을 확인할 수 있었다. 그의 시 작업이 더욱 깊이를 더해 우리시의 밝은 내일을 견인해주기 바라며, 조촐한 논의를 마친다.

순간의 여백

찍은날 2023년 2월 20일
펴낸날 2023년 2월 25일
지은이 박영자
펴낸이 박몽구
펴낸곳 도서출판 시와문화
주 소 13955 경기 안양시 동안구 경수대로883번길 33,
103동 204호(비산동, 꿈에그린아파트)
전 화 (031)452-4992
E-mail poetpak@naver.com
등록번호 제2007-000005호(2007년 2월 13일)
ISBN 978-89-94833-89-7(03810)

정 가 15,000원